經典 少年遊

006

三國演義

風起雲湧的英雄年代

Romance of the Three Kingdoms
The Division and Unity of the World

繪本

故事◎詹雯婷
繪圖◎蔣智鋒

曹操原本是漢朝獻帝手下的大臣，有野心，聰明大膽。統一北方之後做了丞相，建立了魏國。三國勢力最大的就是他，連皇帝都不敢不聽他的話。可是南方有劉備建立的蜀與孫權建立的吳，大家都不服曹操。

聽說曹操要來攻打南方了，劉備的
軍師孔明來到吳國，希望能結合雙
方軍力，一同對抗曹操。孫權手下
大將周瑜也聽說曹操發兵的事，便
由自己的好友魯肅引介，接見了孔
明，想聽聽他的想法。

周瑜說：「曹操兵力強大，吳國不想犧牲無辜的百姓對抗曹操。」孔明只笑了笑，回答說：「周將軍果然識時務，不過只要曹操能獲得您的妻子小喬，這場戰爭就可以平息。」周瑜聽了氣得決定和劉備合作對抗曹操。

曹操手下有兩名擅於打水仗的大將，蔡瑁和張允。周瑜一心想去除兩人，認為如此必能打敗曹操。這時曹操手下剛好有個人，名叫蔣幹，是周瑜的同學，他代表曹操來勸服周瑜投降。周瑜因此將計就計，打算好好利用蔣幹……

「我ㄨㄛˇ的ㄉㄜ老ㄌㄠˇ同ㄊㄨㄥˊ學ㄒㄩㄝˊ啊ㄚ！我ㄨㄛˇ們ㄇㄣ真ㄓㄣ是ㄕˋ太ㄊㄞˋ久ㄐㄧㄡˇ沒ㄇㄟˊ見ㄐㄧㄢˋ了ㄌㄜ，今ㄐㄧㄣ晚ㄨㄢˇ一ㄧˊ定ㄉㄧㄥˋ不ㄅㄨˊ醉ㄗㄨㄟˋ不ㄅㄨˋ歸ㄍㄨㄟ！」周ㄓㄡ瑜ㄩˊ拉ㄌㄚ著ㄓㄜ蔣ㄐㄧㄤˇ幹ㄍㄢˋ喝ㄏㄜ了ㄌㄜ起ㄑㄧˇ來ㄌㄞˊ。半ㄅㄢˋ夜ㄧㄝˋ，周ㄓㄡ瑜ㄩˊ已ㄧˇ經ㄐㄧㄥ醉ㄗㄨㄟˋ倒ㄉㄠˇ，蔣ㄐㄧㄤˇ幹ㄍㄢˋ看ㄎㄢˋ到ㄉㄠˋ周ㄓㄡ瑜ㄩˊ的ㄉㄜ桌ㄓㄨㄛ上ㄕㄤˋ有ㄧㄡˇ一ㄧˋ封ㄈㄥ張ㄓㄤ允ㄩㄣˇ、蔡ㄘㄞˋ瑁ㄇㄠˋ送ㄙㄨㄥˋ來ㄌㄞˊ的ㄉㄜ信ㄒㄧㄣˋ，表ㄅㄧㄠˇ示ㄕˋ他ㄊㄚ們ㄇㄣ想ㄒㄧㄤˇ要ㄧㄠˋ獻ㄒㄧㄢˋ上ㄕㄤˋ曹ㄘㄠˊ操ㄘㄠ的ㄉㄜ頭ㄊㄡˊ來ㄌㄞˊ投ㄊㄡˊ靠ㄎㄠˋ孫ㄙㄨㄣ權ㄑㄩㄢˊ。

蔣幹大驚，連夜趕回曹操的軍營
稟報此事。曹操一怒之下，就把
張允和蔡瑁給殺了。

周瑜知道了這個消息非常開心。不過想到還有個孔明能洞察先機，將來一定會危害到吳國，勢必要除去。於是，他想到了一個計策……

他对孔明说：「孔明先生，要跟曹操打水战了。可是吴国现在很缺箭，先生十日之内能帮我们造好十万支箭吗？」「十日太久了，我三天内就给你。」孔明回答。

15

魯肅知道周瑜想要陷害孔明，立刻和孔明商量對策。孔明向魯肅借了二十艘小船，每艘船派了三十名士兵，船上全放滿草束，用青布圍著。魯肅實在搞不懂孔明要做什麼？

16

三天後的夜晚，孔明將二十艘船用長索
相連，開到長江上，接近曹操的軍隊。
暗暗的夜裡，江上一片濃濃的大霧。

「有敵人！」曹操的軍營發現了江上的船隻，立刻放箭射向小船。「謝謝丞相送箭！」孔明帶來的二十條小船上的草束，插了滿滿的箭，趁著天一亮，立刻就掉頭回到吳國的軍營，害曹操氣得直跳腳。周瑜雖然很佩服，可是沒有使孔明陷入麻煩，有些不高興。

21

「有敵人！」曹操的軍營發現了江上的船隻，立刻放箭射向小船。「謝謝丞相送箭！」孔明帶來的二十條小船上的草束，插了滿滿的箭，趁著天一亮，立刻就掉頭回到吳國的軍營，害曹操氣得直跳腳。周瑜雖然很佩服，可是沒有使孔明陷入麻煩，有些不高興。

21

曹操失了兩名大將又失了箭，非常氣憤。於是派了蔡瑁的弟弟蔡中、蔡和去找周瑜，假裝投降。周瑜知道這是曹操的詭計，按兵不動，找來自己的老將黃蓋商量對策：「我想用火攻，但是需要有人也幫我假裝投降曹操。」黃蓋說：「讓我去吧！」

隔天早上，周瑜跟各個將領開會。黃蓋當著大家的面直言曹操一定會贏，叫大家趕緊投降。周瑜氣得直接命人杖打黃蓋一百軍棍，打得黃蓋奄奄一息。這一切，蔡中、蔡和都默默看在眼裡。

「啟稟丞相，黃蓋派人送信要投降！」曹操不相信，這時又有人進來稟告：「啟稟丞相，蔡中、蔡和有信交給丞相。」曹操看了蔡中、蔡和傳回來的信，這才相信黃蓋是真的要投降。不過為了保險起見，曹操又再次派了蔣幹來探聽消息。

「我的老同學，你上次竟然偷偷把我的信交給曹操，害張允、蔡瑁被殺，破壞了我的大事，你這次還敢來！我軍近日就要攻打曹操了，我絕不能讓你再壞事！」周瑜於是派人將蔣幹送去了西山庵。

29

蔣幹在西山庵中著急的想回到曹營，卻巧遇了龐統。「莫非您是著名的軍事家龐先生？」「正是。」「先生怎麼會住在這麼偏僻的地方？」「因為周瑜氣度小，容不下我，所以我就隱居在這裡。」「那麼先生願意跟我回曹營，一同為曹操效命嗎？」

曹操看到蔣幹帶來龐統，非常開心，立刻向龐統請教對抗蜀吳聯軍的妙計。龐統看完曹操的陣勢，便建議曹操用鐵鍊將所有的軍艦串連起來，如此，這些來自北方的軍人，就不用擔心赤壁江上風浪大而暈船了。

曹操連忙派人按照龐統的建議，
將軍艦用鐵鍊串連。幾日之後，
黃蓋祕密送信給曹操，說自己今
晚就會帶著蜀吳聯軍的糧船與江
東名將的頭顱投靠曹操，船上的
青龍牙旗就是辨別的記號。

夜裡，曹操等待著黃蓋的到來。沒想到黃蓋的船一靠近，就點燃火苗，順著東風，將曹操的軍船瞬間引燃。曹操陣營一陣大亂，周瑜乘機帶領蜀吳聯軍猛攻。烈火一直燒，船都被鐵鍊鎖住無法移開。火勢不斷蔓延，曹操只好棄船逃走。

曹操沒了船，好不容易躲過敵軍，與部下在路旁休息。他放聲大笑：「周瑜和諸葛亮聯手也不過如此，這麼簡單就被我逃過了！」沒想到有人回應：「等丞相很久了！」曹操一看是趙雲，接著又竄出張飛和關羽，一時慌了手腳，被搶下軍旗。

曹操打了個大敗仗，狼狽極了，只好逃回北方。這場赤壁之戰，使得周瑜和諸葛亮見識到彼此的智慧，也打碎曹操的野心，讓三國從此勢均力敵。

三國演義

風起雲湧的英雄年代

讀本

原典解説◎詹雯婷

羅貫中寫出中國文學中最膾炙人口的小説《三國演義》，
但是關於他的生平，後人卻所知不多。

清朝初年文學批評家。與父親毛綸一起為《三國演義》
增刪情節、修正文句、改換詩文，成為現今最通行的
一百二十回本《三國演義》，又被稱作「毛本」。

毛宗崗

羅貫中

相關的人物

施耐庵

TOP PHOTO

羅貫中（1330 ～ 1400 年），號湖海散人。元末明初小説
家，是中國四大奇書《三國演義》的作者，也是施耐庵
的弟子。他曾與施耐庵同在張士誠手下擔任幕僚，受到
施耐庵的啟發，著手寫作《三國演義》。

施耐庵為元末明初小説家，為《水滸傳》的作者，
與羅貫中有師生之誼。曾因為朱元璋認為他的小
説中有叛變的意圖而被捕入獄，羅貫中為其奔走
一年多才將他救出來，但沒多久就病逝淮安。

張士誠

張士誠（左圖）是元朝末年反抗元朝的義民軍領袖。出身運鹽工，因不堪官吏壓迫而起兵反元。1354 年在高郵建國，國號大周，自稱誠王。羅貫中與施耐庵都曾擔任他的幕僚軍師，但最後都因意見不合而出走。張士誠後來為朱元璋所滅。

TOP PHOTO

習鑿齒

東晉史學家。他出身豪族，曾擔任過東晉權臣桓溫的機要，著有史書《漢晉春秋》，以蜀漢為正統，不同於陳壽《三國志》以曹魏為正統。清朝學者陳康祺在自己的著作中曾經提及，認為羅貫中在寫《三國演義》時，多取材自陳壽、習鑿齒的史書，並不是憑空杜撰。

賈仲明

孟元老

自號雲水散人，元末明初雜劇作家。精於詞曲，曾擔任明成祖侍從，所作傳奇劇本極多。在他所寫的《錄鬼簿續編》中，提到了羅貫中的生平，這是其他史書沒有記錄的，也為生平事蹟不清晰的羅貫中，增添了一些可考的資料。

北宋人，生平不詳，有人說他的原名是孟揆，有人則說是孟鉞。《東京夢華錄》是他的代表作，在這本書之前有關三國事蹟多為各國片段式的敘述，這本書中則記載霍四究「說三分」，比羅貫中的《三國演義》還要早講述三分天下的故事。

羅貫中的人生經歷有很大一部分與施耐庵重疊，這不僅因為他們是師徒關係，也因為他們同樣具有寫作熱情。

1330 年

有關羅貫中的出生地，起先有許多說法：太原、東原或錢塘，但是隨著他的家譜與個人印章在近年被發現後，目前認為他應該是山西太原人。羅貫中的父親為絲綢商人，從小便要羅貫中學習四書五經，奠定了羅貫中的文學基礎。

1356 年

羅貫中加入了農民起義軍首領張士誠的軍隊，成為他的幕僚，張士誠依照羅貫中的建議順利打敗康茂才。但後來彼此理念不合，羅貫中便離開了。在路上經過河陽山時遇見施耐庵，便拜他為師。

1366 年

三國的故事很早以前就在中國民間流行，到金朝、元朝時，與三國有關的戲劇高達三十多種。羅貫中結合民間傳說、戲劇、話本等，完成了中國第一部長篇章回小說《三國演義》，但章回小說之後仍以白話文為主要發展方向。

相關的時間

約 1369 年

施耐庵因為《水滸傳》被朱元璋關入監牢後，羅貫中趕往南京並請劉基幫忙解救，施耐庵終於成功出獄。施耐庵在回興化的途中染病，雖然有羅貫中一路照顧，施耐庵不久後仍過世，羅貫中處理完喪事之後便請人刻印《水滸傳》。

約 1384 年

程朱理學是宋明理學的其中一派，由程顥、程頤與朱熹發展而成。朱元璋為了穩固政權，因而推崇程朱理學，使得明朝理學十分盛行，文人也深受儒家思想影響。羅貫中的《三國演義》深受儒家影響，其中各種人物常常引用儒家「聖人」的言語。右圖為朱熹畫像，收於浙江江山市二十八都古鎮中的文昌閣。

理學盛行

朱熹字元晦

1400 年

過世

施耐庵過世後，羅貫中找人刊印《水滸傳》，但是當時沒有人敢出版，於是他暫時住在杭州，並修改了《水滸傳》與《三國演義》。有的學者認為《水滸傳》最後三十回是在這個時候完成的，不久後羅貫中就病逝於杭州。

通俗演義盛行

1522 年

演義小說是根據正統史傳、野史，再經過作者藝術性加工所形成的通俗長篇小說。明朝人認為通俗演義小說可以補充儒家經典，使聖人的教訓能感染一般民眾，因此政府十分推崇、支持通俗演義小說出版發行。1522 年，明朝司禮監率先出版《三國演義》，開啟明末通俗演義迅速發展的大門。左圖為《三國志通俗演義》明嘉靖元年刻本。

《三國演義》講述三國的歷史，但內容不完全是史實，有許多虛構想像的精采情節與事物，因此能流傳千古。

TOP PHOTO

三國演義

相關的事物

三遂
平妖傳

《三國演義》全書名為《三國志通俗演義》，是一部長篇歷史小說。以東漢末年為背景，描寫劉備、曹操、孫權等人，從黃巾起義到西晉統一，群雄交會的故事。這本書以劉備為描寫中心，情節雖然與史實有些不同，但戰爭策略的敘述比歷史更引人入勝。上圖為《三國演義》第三十七回劉玄德三顧草廬。

羅貫中另一本代表作，也是中國小說史上第一部長篇神魔小說。描述宋朝的王則起義事件，再加入許多民間傳說話本內容，與神仙妖魔元素。因為書中的三個主角：馬遂、諸葛遂智、李遂帥的名字都有「遂」，所以稱作「三遂」。

羅貫中在《三國演義》中表現了他對古代兵法深刻的認識。例如馬謖模仿古代兵法中的破釜沉舟、背水為陣，卻忽略現實情況而導致失敗；曹仁的「空城計」表面上與諸葛亮的相似，羅貫中卻深入描寫他們具有虛實層面的不同。

道教在明朝的發展由盛轉衰。明朝中葉以前，由於統治者常利用道教堅固權威，因此讓道教興盛；之後由於道教理論不能隨時間創新，因此逐漸衰落。不過，道教仍然是民間很重要的信仰，在《三國演義》中有許多與道教相關的記載，例如道士左慈以法術戲弄曹操等情節。

兵法

道教

雕版印刷

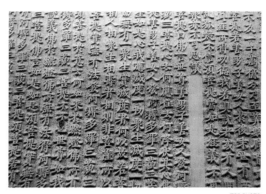

TOP PHOTO

羅貫中在施耐庵過世之後，曾到杭州尋找可以印刷出版《水滸傳》的人。明朝盛行的印刷術是自隋唐開始流行的「雕版印刷」，方法是用蘸了墨汁的刷子刷過已經雕好的版，覆蓋上白紙並用另外一支乾淨的刷子輕刷過紙的背面，將紙拿下便印好一頁了。上圖為古代印刷雕版，江蘇揚州博物館藏。

木牛流馬

羽扇綸巾

「羽扇」是指用鳥的羽毛製作成的扇子，「綸巾」是用青絲帶做成的頭巾，在陳壽的《三國志》中，描寫的是周瑜的裝扮，但在羅貫中的《三國演義》中卻寫為諸葛亮的裝扮。不論是周瑜還是諸葛亮，他們在故事中皆拿羽扇戴綸巾，態度輕鬆的指揮軍隊作戰，因此「羽扇綸巾」也用來形容一個人態度瀟灑、從容自在。

相傳是三國時期諸葛亮所發明的運輸工具，分成木牛與流馬，有機關可以防止敵人偷取糧食。它的外觀與使用方式至今仍有許多說法。例如單輪的木板車、自動機械、四輪車加獨輪車等說法，現今許多研究專家仍在嘗試復原這個運輸工具當時的樣貌。

《三國演義》不論是史實或是作者虛構想像，都涉及許多地方。這些故事發生的場景大多都成為今日知名的景點。

杭州是浙江省的政治、經濟與交通中心，也是中國七大古都之一。古代曾被稱作「錢塘」、「臨安」、「武林」等。傳說施耐庵過世之後，羅貫中到了杭州，修改了《水滸傳》部分情節，並編寫了《三國演義》與《三遂平妖傳》等作品。

五丈原位於陝西省岐山縣南方，周遭山水環繞，具有軍事價值。傳說三國時期，劉備過世後，諸葛亮率領軍隊向北進攻，在五丈原與魏軍攻守一百多天，最後諸葛亮病死於五丈原。唐朝在五丈原上曾建立過紀念諸葛亮的廟。

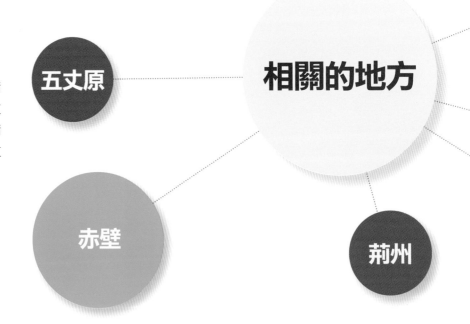

杭州

五丈原

相關的地方

赤壁

荊州

「赤壁」這個地方之所以出名，是因為三國時期，由劉備與孫權合作打敗曹操的著名戰役「赤壁之戰」，以及大文學家蘇軾所寫的〈赤壁賦〉。但「赤壁」的確切地點是不是湖北，三國與蘇軾提到的赤壁是否相同，至今仍有爭議。

漢武帝開始，荊州正式成為行政地區，現今的荊州位於湖北。三國赤壁之戰後，荊州被曹操、孫權、劉備三大勢力瓜分，但後來關羽被打敗並且失去荊州。這就是在《三國演義》中十分有名的「關羽大意失荊州」的故事。

白帝城位於重慶奉節縣長江北邊，是三峽地區著名的旅遊勝地。歷代詩人旅行到這個地方都留下優美的詩篇，例如李白、杜甫、白居易等。《三國演義》中「白帝城託孤」是很重要的情節，描寫劉備將兒子託付給諸葛亮的一段故事。右圖為重慶奉節縣白帝城的白帝廟。

白帝城

TOP PHOTO

許昌

官渡

TOP PHOTO

三國時代「官渡」指的是河南中牟東北方，在這裡曾發生三國時代非常著名的「官渡之戰」。官渡之戰在《三國演義》中有精采的描寫，曹操與袁紹在這個地方大戰，曹操當時雖然勢力較弱但仍然戰勝，也因此能統一中國北方。

許昌又稱作「蓮城」，位於河南省。三國時期的許昌是各大勢力爭奪的地方。東漢末年曹操威脅漢獻帝將國都遷移到許昌，日後便成為魏軍五都之一。這個地方也留有許多著名的三國遺跡，例如受禪台、漢魏故城、曹丞相府等。上圖為河南許昌繁城的受禪台遺址。

三國演義

　　關於三國的故事早在《三國演義》成書之前就流行已久，不過內容和正史《三國志》已大不相同。《三國演義》是從隋唐到元明，慢慢醞釀成形。三國故事不只談政治，還呈現了不同出身、經歷、特質的各色文武官民所具備的勇、智、忠、義，這些符合社會所追尋的良善道德，在書中處處可見。最廣為人知的赤壁之戰，印證了正義必勝的道理，歷來令人稱頌不已。

　　隨著文字、戲曲的傳播，《三國演義》的故事傳遍王公權貴、士農工商，印象深植人心。曹操、關羽、諸葛亮等人，可說是家喻戶曉的經典三國人物。故事內容充滿利害鬥智、人際互動、情感交織，每一個變化都環環相扣，將軍事、偵探、魔幻、勵志等各種小說元素都揉合在一起。全書嚴肅裡帶有輕鬆、理智中牽引感性，

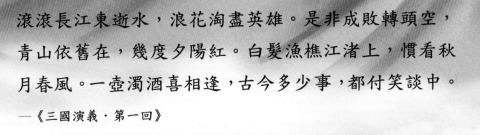

滾滾長江東逝水，浪花淘盡英雄。是非成敗轉頭空，青山依舊在，幾度夕陽紅。白髮漁樵江渚上，慣看秋月春風。一壺濁酒喜相逢，古今多少事，都付笑談中。

——《三國演義‧第一回》

大大豐富了讀者的知識和心靈，古今中外都對《三國演義》懷著無比的興味。

三國時期有近百年的時間，如同一個人的人生歲月，充滿起伏轉折。正如同書中卷頭詩所言：那阻隔南北的滾滾長江，由西向東流入大海，和江邊青山一樣，無論經過幾回夕陽更迭依舊不變，而那些著名的三國英雄卻已消失，那些豐功偉業，也會變成後世人們笑談的話題。看著魏、蜀、吳的興亡，能夠體會到其實最後人們渴望的是和平，也是內心的平靜。

在複雜的人生中，無論追求或排斥，得到或失去，轉眼間又剩下什麼呢？當我們心中有一個平衡的原則，只要結局能夠圓滿，就是幸福人生。

漢自高祖斬白蛇而起義，一統天下。後來光武中興，
傳至獻帝，遂分為三國。——《三國演義‧第一回》

　　《三國演義》雖然以正史為基底，但它仍是「七分實情，三分
虛構」。《三國演義》是以東漢末年開始的政治紛亂作為背景，作
者羅貫中生活在元末明初，也正逢亂世。在寫作《三國演義》時，
曾經得到他的老師施耐庵的指點。和施耐庵一樣，羅貫中的作品也
是對社會環境有所體悟而產生的思想心得。《三國演義》明顯呈現
以蜀漢為主軸的書寫中心，以「蜀」作為正統政權，應該是緣於羅
貫中生長背景處於元朝異族統治的時代，當時漢人受到壓迫，為了
突顯恢復漢民族政權的熱忱與渴望，因此，以血緣承接漢室的「蜀」
自然成了主角，有別於正史以篡漢的「魏」為正
統。然而魏從曹操招兵、蜀從劉備起義、吳從三代
君主的交替開始，各自形成勢力，奠定三國鼎立的

局面。其間又互相聯合或對抗，最終原為魏臣的司馬氏滅蜀、篡魏，成立了晉朝後再滅吳，三國就此結束。

　　羅貫中尊劉反曹的思想，在書中許多地方都有跡可尋。例如：他將斬董卓大將華雄的人安排為關羽，然而正史上是孫堅；在《三國演義》裡，赤壁借東風的是諸葛亮，可是實際上卻是周瑜因為熟悉江東環境所做出的觀察，而周瑜實際上也並非氣量狹小之人。這些都大大扭轉了讀者的觀念，加上情節的鋪陳、情緒的渲染，讓人覺得故事中的一切都合情合理，使人更為信服。書中對蜀漢的特意描繪，其實也是作者對掌權者的期待。

　　文學創作是心意與創意的結合，羅貫中想喚起人們的道德與和平，除了自己的熱情，也代表人民強烈的渴望，因此引發群眾共鳴，歷經時空轉變而風行不衰，成為不朽的經典作品。

諸葛亮

　　諸葛亮的形象，一直是集智慧、勇氣與忠義於一身，尤其是他的「智」，在《三國演義》中被大大的突顯出來。他在隆中時受劉備三顧茅廬，曾向劉備分析：「曹操因良好的時機打敗袁紹，占據北方，孫權因地理上的優勢占有南方，至於你，若想在這個亂世成立霸業，就得依靠人脈。先取荊州作為根據地，再往西方進攻四川，建立基業後才能有機會形成三國鼎立的局面，最後統一中原就有望了。」劉備聽了讚嘆不已，因此請他出仕，成為千古傳頌的美談。

　　儘管在書中諸葛亮擁有料事如神的本事，可惜的是，不論在歷史或小說故事裡，劉備在獲得諸葛亮之後，卻沒有賦予諸葛亮完全的權力。劉備還需顧慮到關羽、張飛等元老大將，因此並非事事都依諸葛亮所諫。例如發動夷陵之戰就是個實例，無論諸葛亮和趙雲

將軍欲成霸業，北讓曹操占天時，南讓孫權占地利，將軍可占人和。先取荊州為家，後即取西川，建基業，以成鼎足之勢，然後可圖中原也。

—《三國演義・第三十八回》

怎麼勸諫，劉備還是執意要為情如兄弟的關羽報仇，加上張飛有志一同，這一去，已和諸葛亮的理想相去甚遠，更讓蜀國受到莫大的損失。

　　雖然夷陵之戰是蜀國一大失策，劉備因為不聽諸葛亮的勸戒而招致失敗，不過劉備在過世前，仍將託孤重任交給了諸葛亮，其實也反映了劉備對諸葛亮能力的信賴。而諸葛亮果然也不負所託，將蜀國打理妥當，保有三國鼎立的實力，以實現三分天下之計。

　　劉備因為有多重的考量無法完全重用諸葛亮，可是在赤壁之戰中，劉備任命了諸葛亮擔任使者，負責遊說吳國一同參戰，這可以說是諸葛亮第一次獨當一面，也成了《三國演義》裡諸葛亮首次大放異彩的場景。

諸葛丞相在於成都，事無大小，皆親自從公決斷。兩川之民，忻樂太平，夜不閉戶，路不拾遺。

—《三國演義·第八十七回》

劉備在夷陵之戰後去世，在臨終前曾於白帝城交代諸葛亮要好好輔佐自己的兒子劉禪。諸葛亮性格認真負責，對於劉備的知遇之恩十分感激，加上臨終託孤之言，即使接受輔佐後主之位，已是一人之下，萬人之上，他還是毫無鬆懈，反而更加努力的實現自己與蜀國的夢想。

在大戰挫敗之後，諸葛亮讓人民休養生息，先暫停軍事行動。他的觀念是治國第一，國家本身沒有安定好，就無法談什麼計策或行動。而且全國要上下一心，政策或是軍事行動才能順利推展。無論內外，都要有安定的環境，大家才能放心發展。於是他和吳國重新和好，對魏國也不主動出擊；在蜀國境內不論任何大小事，他都親自處理解決，因此讓蜀國過了一段很長的太平日子，甚至晚上睡

覺時都不用關門窗、不用擔心盜賊，也沒有人會貪心的去撿路上別人掉落的物品。

　　諸葛亮以身作則，為蜀國注入一股清流。他自己本身節儉，也影響了蜀國大小官員，替三國中勢力最小、資源最困乏的蜀國，樹立了良好典範。他用律法來約束軍民，也重視以道德義理去教化大眾，賞罰分明，不只治軍也治國，讓蜀國上下處於良善的社會風氣當中。後來他也用此原則治理偏遠的南蠻之地，於是後世稱諸葛亮為「慈父」。一直到諸葛亮去世，他自己家無餘財，也交代不用厚葬，一切從簡。

　　諸葛亮在輔佐後主劉禪方面可說是盡忠職守，而且事事經過他的安排，變得井然有序。但是他在百姓安樂生活的歡欣之下，並沒有忘記統一天下的理想和劉備復興漢室的遺志。後來對武力為蜀國四、五倍以上的魏國進行五次北伐，其中有輸有贏，評價各有褒貶。但這也證明了諸葛亮除了治國之外，還有領軍的才能。也因為有諸葛亮，才延續了蜀國的壽命，更維持了三國鼎立的局面。

周瑜

　　周瑜智勇雙全，精熟音律，而且重情義、氣量大，和《三國演義》所描寫的形象完全不同。他在孫策去世後，信守承諾盡力輔佐孫權；長年帶兵打仗，鞏固東吳，深得軍民的信任與仰慕，還稱呼他「周郎」。由於羅貫中懷著崇蜀的中心思想，在三國歷史中最關鍵的赤壁之戰，當然一定要突顯蜀國。而那時蜀國代表是諸葛亮，於是把諸葛亮的才能寫得淋漓盡致：借東風、草船借箭、看穿周瑜諸多計謀等各種事蹟，幾乎擡高到了「神話」的地步。而原本的主角周瑜，就只好變成一個亦敵亦友、心胸狹窄的角色了。

　　不過他也沒有全然以負面的角度刻劃周瑜。《三國演義》中，也有周瑜待人親切，與許多人友好往來的一面。例如老將程普因為自己比他年長卻官階較低，原本心生不滿，常常表現於言行之中，

程咨回見父程普，說周瑜用兵，動止有法。普大驚曰：
「吾素欺周郎懦弱，不足為將；今能如此，真將才也！
我如何不服？」遂親詣行營謝罪。瑜亦遜謝。

——《三國演義‧第四十四回》

周瑜都容忍下來，並沒有生氣。直到赤壁之戰前，程普聽説了周瑜
調兵遣將的過人之處，驚嘆道：「我一直以為周瑜非常懦弱無能，
根本無法勝任將軍一職。沒想到原來他是真將才，令我不得不服！」
又想到他之前一次又一次的寬恕，才對他改觀，最後還説：「與周
公瑾交友，就像喝醇醪這種濃郁的美酒，不知不覺就醉了。」這樣
的轉變，可以知道周瑜的人際關係是非常好的，連劉備也都曾稱讚
他的氣量。

　　除了氣量，周瑜還有細心的一面。即使半醒半醉，仍然可以指
出失誤的地方。難怪在赤壁面對曹操大軍來襲的緊要關頭，他仍舊
可以冷靜處理安排，對小細節留意，因此才能在這場以少擊多的戰
役中得到勝利。

魏吳爭鬥決雌雄，赤壁樓船一掃空。烈火初張雲照海，周郎曾此破曹公。—《三國演義·第五十回》

　　周瑜從小就被稱為神童，他資質聰穎，卻不驕傲。和孫吳政權的奠基者孫策結拜為兄弟後，盡心盡力幫孫家打天下，因此有了江東的根據地。他積極招攬人才，例如魯肅就是由他引薦。即使後來孫策去世後，他也沒有背棄約定，負起託孤重任，領著吳國上下在亂世中不斷前進。雖然孫權視他為兄長，但他仍以君臣之禮相待，絕沒有以此自居而亂了規矩。

　　當曹操來襲，吳國眾臣分為主和、主戰兩派，讓孫權猶豫不決，只好去問周瑜的意見。周瑜因為接受了諸葛亮的說法，於是表明決戰的心意，並全權負責所有軍事，孫權也就同意讓吳國參戰，放手讓周瑜去處理軍事調度。之後無論計謀安排、用兵部署或是資源調

配，孫吳的周瑜和蜀漢的諸葛亮兩人經常暗自較勁，但卻也常英雄所見略同，相互支援合作。最後以蜀吳聯軍二十幾萬人，進行大規模的火攻，使得整個赤壁江面火光照映，打敗曹操八十萬大軍，聲名大噪。

周瑜一生戰績輝煌，在《三國演義》裡與諸葛亮互相鬥智的情節，可說是最令讀者津津樂道的場景。而作者安排了諸葛亮三氣周瑜的橋段，讓周瑜在赤壁之戰後帶著「既生瑜，何生亮」的感慨病逝。享年三十六歲的周瑜，令人感到無限惋惜。連孫權也大嘆：「孤非周公瑾，不帝矣。」沒有周瑜，孫權不用說稱帝，可能連保住性命都成問題，蜀國也很難倖免。而這場戰役，也留下許多令人感懷的回憶，引發後世不少文人學者創作出不少相關作品，像宋朝大文豪蘇東坡的〈念奴嬌──赤壁懷古〉一詞，讀來讓人遙想周瑜的光榮事蹟，也不禁湧起欽佩之意。

曹操

　　曹操出身官宦世家，原本姓夏侯，後來他的父親成為宦官曹騰的養子，於是改姓曹。所以一開始他身邊支持他、幫助他的人，多半是曹家和夏侯家的親戚，如曹仁、曹真、曹休、夏侯惇、夏侯淵等大將。家人對曹操來說，可說是一大助力。

　　曹操喜歡交朋友，尤其是優秀的人才。他愛惜人才的心意眾所皆知。他招攬賢才，不問出身，就算之前有結仇也沒關係。像原本是張繡手下而投降曹操的賈詡就是一例。在這樣的情況下，慢慢的，曹操身邊有愈來愈多勇將和謀士，形成一股強大的勢力。曹軍從一開始討伐黃巾軍時，便具有很大的力量，後來才能夠對抗人人懼怕的呂布和妄想稱帝的袁術，並且一一獲得勝利。

　　而曹操所在的北方，有一個最強大的敵人——袁紹。其實曹操和袁紹頗有交情，兩人一樣喜歡結交豪傑，對宦官亂政頗為反感，也曾一起加入討伐董卓的聯盟。但袁紹出身於四世三公的貴族世

我持此槊破黃巾，擒呂布，滅袁術，收袁紹，深入塞北，直抵遼東，縱橫天下，頗不負大丈夫之志。

—《三國演義·第四十八回》

家，人才和資源是北方最為豐富的。可是胸懷大志的曹操不會因此而放棄或退縮，加上他身邊的謀士荀彧給予肯定，幫他仔細分析了袁紹的弱點；同時間，袁紹陣營中也開始出現亂象，因此曹操最終能以少擊多，打敗袁紹，成為北方的霸主。而決定兩人之間勝負的官渡之戰，更加確立了曹操北方統治者的地位，並讓曹操能更進一步深入塞北之地，打敗公孫一家，將遼東併為魏國版圖。

曹操曾被評論為「治世之能臣，亂世之奸雄」。其實曹操早年在漢朝任官時，紀律嚴明，不畏強權，大力打擊貪汙官員，的確是個有勇有謀的能臣。只可惜他身在亂世，無法受到重用，所以最後自行組織他的曹魏軍團，來實踐理想。

北土未平，而操久於南征，一忌也；北軍不諳水戰，操捨鞍馬，仗舟楫，二忌也；又時值隆冬盛寒，馬無藁草，三忌也；不服水土，多生疾病，四忌也；操兵犯忌，雖多必敗。—《三國演義·第四十四回》

　　曹操統一北方後，放眼望去，並沒有足以和他匹敵的對手，所以他變得更有野心，想往南方發展，達到統一天下的理想。不過，曹操在決定南下發動戰爭時，把他的軍隊想得太強了，忘了考量南北「環境」的不同，之前的英明神武，在這時顯得漏洞百出。

　　一開始，孫權還拿不定主意，不知是否要與劉備聯軍一同抗曹。諸葛亮出使吳國遊說，智激周瑜產生必戰不可的心意，進而說服孫權同意參戰。雖然曹操兵多力大，但不熟悉環境卻是很大的致命傷。曾參與許多大小戰事、熟讀兵書的曹操不可能不知道這個兵家大忌，只能說因為官渡之戰的勝利，讓他志得意滿，太有自信而

沖昏了頭。那時西北方邊境還有馬超等敵人沒有被完全消滅，若要面對跨越邊界的重大戰役，是無法完全放手去戰鬥的。北方士兵最擅長陸戰，但為了順應南方情勢，只得改打水戰。再加上隆冬來臨，沒有給戰馬吃的食物，士兵們又水土不服，一直生病，整個軍隊的實力根本沒辦法發揮出來，這些都預料了曹操的敗勢。而曹操的猜忌之心，更是注定了兵敗的結局。曹操因為中了周瑜的反間計，竟殺了自己手下兩名善於打水仗的將領。由於對手下的不信任，以至於蜀吳聯軍趁機得勝，赤壁之戰成了曹操軍馬生涯中最大的失敗。

　　一個人很強大並不代表絕對會贏，要整個團隊一起合作，才容易獲得勝利。蜀、吳二國因為力量小，所以緊密合作；反觀曹操，就是因為太強大了，所以即使身邊有勇將謀士，卻不願採信，最後敗逃回北方，失去在他有生之年統一天下的最大機會。

當三國演義的朋友

　　《三國演義》這部聞名中外的歷史小說，說的是從東漢末年到西晉初年間約一百多年的歷史，總共描寫了一千多名人物。在這戰亂頻繁的時代裡，豪傑輩出，英雄崛起，其中不乏智謀與勇猛的化身，和奸巧與狡猾的典型。身為讀者的你，站在哪一邊？喜歡什麼樣的人物呢？

　　劉備據守蜀漢，孫權稱霸東吳，曹操締造魏國。他們是風起雲湧的時代裡，三國鼎立的主角。除此之外，還有善用謀略的忠臣諸葛亮、與諸葛亮相互競爭的聰明周瑜，還有忠肝義膽的關羽、魯莽真誠的張飛。這些還不夠！書中還充滿各式巧計，像是草船借箭、空城計、火燒連環船、苦肉計、反間計，這些神機妙算的計謀和爾虞我詐的精采劇情，讓人難以辨別何者是真，何者是假。

　　當《三國演義》的朋友，你可以看到這個時代裡的精采人事。亂世裡，有些人為了繼承漢室而努力，有些人為了獨攬大權而征戰，有些人一片赤誠忠於奉獻，有些人用盡機心卻盡失人心。

　　當《三國演義》的朋友，你會看到各式各樣的人物，以及精采絕倫的劇情，你也會看到他們如何在戰亂的時代裡生存，保護自己也保護別人。他們彼此鬥智，猜測對手的心理，從硝煙瀰漫的戰場，到平時的交遊來往，每個細節都環環相扣，讓你不得不佩服他們的深謀遠略。

　　當《三國演義》的朋友，你也會發現，不論這段群雄割據的史事有多麼令人拍案叫絕，不論這些風雲人物有多少令人歌頌的事蹟，風起雲湧的歲月最後都成為歷史，英雄與豐功偉業也都成為過往。在我們心中，唯一不變的是他們曾經奮戰的鮮明形象。

我是大導演

看完了三國演義的故事之後，
現在換你當導演。
請利用紅圈裡面的主題（三國），
參考白圈裡的例子（例如：計謀），
發揮你的聯想力，
在剩下的三個白圈中填入相關的詞語，
並利用這些詞語畫出一幅圖。

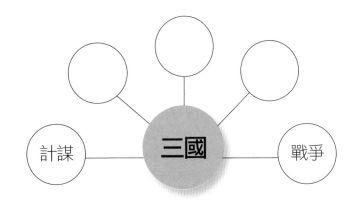

◎ 少年是人生開始的階段。因此，少年也是人生最適合閱讀經典的時候。這個時候讀經典，可為將來的人生旅程準備豐厚的資糧。因為，這個時候讀經典，可以用輕鬆的心情探索其中壯麗的天地。

◎ 【經典少年遊】，每一種書，都包括兩個部分：「繪本」和「讀本」。繪本在前，是感性的、圖像的，透過動人的故事，來描述這本經典最核心的精神。小學低年級的孩子，自己就可以閱讀。讀本在後，是理性的、文字的，透過對原典的分析與說明，讓讀者掌握這本經典最珍貴的知識。小學生可以自己閱讀，或者，也適合由家長陪讀，提供輔助說明。

◎ 【經典少年遊】，我們先出版一百種中國經典，共分八個主題系列：詩詞曲、思想與哲學、小説

001 世說新語　魏晉人物畫廊
A New Account of Tales of the World: Anecdotes in the Southern and Northern Dynasties
故事／林羽豔　原典解說／林羽豔　繪圖／吳亦之

東漢滅亡之後，魏晉南北朝便出現了。雖然局勢紛亂，但是卻形成了自由開放的風氣。《世說新語》記錄了那個時代裡，那些人物怎麼說話、如何行事。讓我們看到他們的氣度、膽識與才學，還有日常生活中的風雅與幽默。

002 搜神記　神怪故事集
In Search of the Supernatural: Records of Gods and Spirits
故事／劉美瑤　原典解說／劉美瑤　繪圖／顧珮仙

晉朝的干寶，搜集了許多有關神仙鬼怪與奇思異想的故事，成為流傳至今的《搜神記》。別小看這些篇幅短小的故事，它們有些是自古流傳的神話，有的是民間傳說，統稱為「志怪小說」，成為六朝文學的燦爛花朵。

003 唐人傳奇　浪漫的傳說故事
Tang Tales: Collections of Tang Stories
故事／康逸藍　原典解說／康逸藍　繪圖／林心雁

正直的書生柳毅相助小龍女，體驗海底龍宮的繁華，最後還一同過著逍遙自在的生活。唐人傳奇是唐代的文言短篇小說，內容充滿奇幻浪漫與俠義豪邁。在這個世界裡，我們不僅經歷了華麗的冒險，還看到了如夢似幻的生活。

004 竇娥冤　感天動地的竇娥
The Injustice to Dou E: Snow in Midsummer
故事／王蕙瑄　原典解說／王蕙瑄　繪圖／榮馬

善良正直的竇娥，為了保護婆婆，招認自己從未犯過的罪。行刑前，她許下三個誓願：血濺白布、六月飛雪、三年大旱，期待上天還她清白。三年後，竇娥的父親回鄉判案，他能發現事情的真相嗎？竇娥的心聲，能不能被聽見？

005 水滸傳　梁山好漢
Water Margin: Men of the Marshes
故事／王宇清　故事／王宇清　繪圖／李遠聰

林沖原本是威風的禁軍教頭，他個性正直、武藝絕倫，還有個幸福美滿的家庭，無奈遇上了欺壓百姓的太尉高俅，不僅遭到陷害，還被流放到偏遠地區當守軍。林沖最後忍無可忍，上了梁山，成為梁山泊英雄的一員大將。

006 三國演義　風起雲湧的英雄年代
Romance of the Three Kingdoms: The Division and Unity of the World
故事／詹雯婷　原典解說／詹雯婷　繪圖／蔣智鋒

曹操要來攻打南方了！劉備與孫權該如何應戰，周瑜想出什麼妙計？大戰在即，還缺十萬支箭，孔明卻帶著二十艘船出航！羅貫中的《三國演義》，充滿精采的故事與兵機妙算，記錄這個風起雲湧的英雄年代。

007 牡丹亭　杜麗娘還魂記
Peony Pavilion: Romance in the Garden
故事／黃秋芳　原典解說／黃秋芳　繪圖／林虹亨

官家大小姐杜麗娘，遊賞美麗的後花園之後，受寒染病，年紀輕輕就離開人世。沒想到，她居然又活過來！這到底是怎麼一回事？明朝劇作家湯顯祖寫《牡丹亭》，透過杜麗娘死而復生的故事，展現人們追求自由的浪漫與勇氣！

008 封神演義　神仙名人榜
Investiture of the Gods: Defeating the Tyrant
故事／王洛夫　原典解說／王洛夫　繪圖／林家棟

哪吒騎著風火輪、拿著混天綾，一不小心就把蝦兵蟹將打得東倒西歪！個性衝動又血氣方剛的哪吒，要如何讓父親李靖理解他本性善良？又如何跟著輔佐周文王的姜子牙，一起經歷驚險的戰鬥，推翻昏庸的紂王，拯救百姓呢？

009 三言　古今通俗小說
Three Words: The Vernacular Short-stories Collections
故事／王蕙瑄　原典解說／王蕙瑄　繪圖／周庭萱

許宣是個老實的年輕人，在下著傾盆大雨的某一日遇見白娘子，好心借傘給她，兩人因此結為夫妻。然而，白娘子卻讓許宣捲入竊案，害得他不明不白的吃上官司。在美麗華貴的外表下，白娘子藏著什麼秘密？她是人還是妖？

010 聊齋誌異　有情的鬼狐世界
Strange Stories from a Chinese Studio: Tales of Foxes and Ghosts
故事／岑澎維　原典解說／岑澎維　繪圖／鐘昭弋

有個水鬼名叫王六郎，總是讓每天來打漁的漁翁滿載而歸。善良的王六郎會不會永遠陪著漁翁捕魚？好心會有好報嗎？蒲松齡的《聊齋誌異》收錄各式各樣的鄉野奇談，讓讀者看見那些鬼狐精怪的喜怒哀樂，原來就像人類一樣。

與故事、人物傳記、歷史、探險與地理、生活與素養、科技。每一個主題系列，都按時間順序來選擇代表性的經典書種。

◎ 每一個主題系列，我們都邀請相關的專家學者擔任編輯顧問，提供從選題到內容的建議與指導。我們希望：孩子讀完一個系列，可以掌握這個主題的完整體系。讀完八個不同主題的系列，可以不但對中國文化有多面向的認識，更可以體會跨界閱讀的樂趣，享受知識跨界激盪的樂趣。

◎ 如果説，歷史累積下來的經典形成了壯麗的山河，【經典少年遊】就是希望我們每個人都趁著年少探索四面八方，拓展眼界，體會山河之美，建構自己的知識體系。少年需要遊經典。經典需要少年遊。

011 説岳全傳　盡忠報國的岳飛
The Complete Story of Yue Fei: The Patriotic General

故事／鄒敦怜　原典解説／鄒敦怜　繪圖／朱麗君

岳飛才出生沒多久，就遇上了大洪水，流落異鄉。他與母親相依為命，又拜周侗為師，學習武藝，成為一個文武雙群的人。岳飛善用兵法，與金兵開戰；他最終的志向是一路北伐，收復中原。這個心願是否能順利達成呢？

012 桃花扇　戰亂與離合
The Peach Blossom Fan: Love Story in Wartime

故事／趙予彤　原典解説／趙予彤　繪圖／吳泳

明朝末年國家紛亂，江南卻是一片歌舞昇平。李香君和侯方域在此相戀，桃花扇是他們的信物。他們憑一己之力關心國家，卻因此遭到報復。清朝劇作家孔尚任，把這段感人的故事寫成《桃花扇》，記載愛情，也記載明朝歷史。

013 儒林外史　官場浮沉的書生
The Unofficial History of the Scholars: Life of the Intellectuals

故事／呂淑敏　原典解説／呂淑敏　繪圖／李遠聰

匡超人原本是個善良孝順的文人，受到老秀才馬二與縣老爺的賞識，成了秀才。只是，他變得愈來愈驕傲，也一步步犯錯。清朝作家吳敬梓的《儒林外史》，把官場上的形形色色全寫進書中，成為一部非常傑出的諷刺小説。

014 紅樓夢　大觀園的青春年華
The Story of the Stone: The Flourish and Decline of the Aristocracy

故事／唐香燕　原典解説／唐香燕　繪圖／麥震東

劉姥姥進了大觀園，看到賈府裡的太太、小姐與公子，瀟湘館、秋爽齋與蘅蕪苑的美景，還玩了行酒令、吃了精巧酥脆的點心。跟著劉姥姥進大觀園，體驗園內的新奇有趣，看見燦爛的青春年華，走進《紅樓夢》的文學世界！

015 閱微草堂筆記　大家來説鬼故事
Random Notes at the Cottage of Close Scrutiny: Short Stories About Supernatural Beings

故事／邱彗敏　故事／邱彗敏　繪圖／楊瀚橋

世界上真的有鬼嗎？遇到鬼的時候該怎麼辦？看看紀曉嵐的《閱微草堂筆記》吧！他會告訴你好多跟鬼狐有關的故事。長舌的女鬼、嚇人的笨鬼、扮鬼的壞人、助人的狐鬼。看完這些故事，你或許會覺得，鬼狐比人可愛多了呢！

016 鏡花緣　海外遊歷
Flowers in the Mirror: Overseas Adventures

故事／趙予彤　原典解説／趙予彤　繪圖／林虹亨

失意的文人唐敖，跟著經商的妹夫林之洋和博學的多九公一起出海航行，經過各種奇特的國家。來到女兒國，林之洋竟然被當成王妃給抓走了！翻開李汝珍的《鏡花緣》，看看他們的驚奇歷險，猜一猜，他們最後如何歷劫歸來？

017 七俠五義　包青天為民伸冤
The Seven Heroes and Five Gallants: The Impartial Judge

故事／王洛夫　原典解説／王洛夫　繪圖／王韶薇

包公清廉公正，但宰相龐太師卻把他看作眼中釘，想作法陷害。包公能化險為夷嗎？豪俠展昭是如何發現龐太師的陰謀？説書人石玉崑和學者俞樾，把包公與江湖豪傑的故事寫成《七俠五義》，精彩的俠義故事，讓人佩服！

018 西遊記　西天取經
Journey to the West: The Adventure of Monkey

故事／洪國隆　原典解説／洪國隆　繪圖／BO2

慈悲善良的唐三藏，帶著聰明好動的悟空、好吃懶做的豬八戒、刻苦耐勞的沙悟淨，四人一同到西天取經。在路上，他們會遇到什麼驚險意外？踏上《西遊記》的取經之旅，和他們一起打敗妖怪，潛入芭蕉洞，恣意冒險！

019 老殘遊記　帝國的最後一瞥
The Travels of Lao Can: The Panorama of the Fading Empire

故事／夏婉雲　原典解説／夏婉雲　繪圖／蘇奔

老殘是個江湖醫生，搖著串鈴，在各縣市的大街上走動，幫人治病。他一邊走，一邊欣賞各地風景民情。清朝末年，劉鶚寫《老殘遊記》，透過主角老殘的所見所聞，遊歷這個逐漸破敗的帝國，呈現了一幅抒情的中國山水畫。

020 故事新編　換個方式説故事
Old Stories Retold: Retelling of Myths and Legends

故事／洪國隆　原典解説／洪國隆　繪圖／施怡如

嫦娥和后羿結婚後，有幸福美滿嗎？所有能吃的動物都被后羿獵殺精光，只剩下烏鴉和麻雀可以吃！嫦娥變得愈來愈瘦，勇猛的后羿能解決困境嗎？魯迅重新編寫中國的古代神話，翻新古老傳説的面貌，成為《故事新編》。

經典
少年遊

youth.classicsnow.net

006
三國演義　風起雲湧的英雄年代
Romance of the Three Kingdoms
The Division and Unity of the World

編輯顧問（姓名筆劃序）
王安憶　王汎森　江曉原　李歐梵　郝譽翔　陳平原
張隆溪　張臨生　葉嘉瑩　葛兆光　葛劍雄　鄭培凱

故事：詹雯婷
原典解說：詹雯婷
繪圖：蔣智鋒
人時事地：陽寶頤

編輯：鄧芳喬　張瑜珊　張瓊文
美術設計：張士勇
美術編輯：顏一立
校對：陳佩伶

企畫：網路與書股份有限公司
出版者：大塊文化出版股份有限公司
台北市10550南京東路四段25號11樓
www.locuspublishing.com
讀者服務專線：0800-006689
TEL：+886-2-87123898
FAX：+886-2-87123897
郵撥帳號：18955675
戶名：大塊文化出版股份有限公司
法律顧問：全理法律事務所董安丹律師

總經銷：大和書報圖書股份有限公司
地址：新北市新莊區五工五路2號
TEL：+886-2-8990-2588
FAX：+886-2-2290-1658
製版：沈氏藝術印刷股份有限公司

初版一刷：2014年4月
定價：新台幣299元